BÉDU · CAUVIN

LES PSY

DUPUIS

Couleurs : Luce Daniels.
Maquette : Yves Amateis.

Dépôt légal : octobre 1996 — D.1996/0089/178
ISBN 2-8001-2333-8

Imprimé en Belgique.

Histoire d'oublier...

...COMME J'AVAIS EU TRÈS PEUR, JE SUIS RENTRÉE À LA MAISON...
ET J'AI BU UN PETIT VERRE POUR ME REMETTRE DE MES ÉMOTIONS...
...ET VOILÀ!
RECOMMENCEZ!
Plus tard...
...ET VOILÀ!
RECOMMENCEZ!
Encore plus tard...
...ET VOILÀ!
RECOMMENCEZ!
Toujours plus tard...
...ET VOILÀ!
OOOAAAAH!... RECOMMENCEZ!
BEN VOILÀ... J'ÉTAIS PRESQUE ARRIVÉE À LA MAISON...
QUAND, SOUDAIN, UN CYCLISTE CAGOULÉ S'EST JETÉ SUR MOI POUR TENTER DE M'ARRACHER MON SAC...
KRIIP
KRIIP
JE ME SUIS MISE À HURLER...
AU SECOURS!
À L'AIIIIDE!
HEEELP!
ET DEUX MALFRATS, QUI PASSAIENT PAR LÀ, L'ONT MIS EN FUITE...
KRIIP
KRIIP
KRIIP
55
2/4

...COMME J'AVAIS EU TRÈS PEUR, JE SUIS RENTRÉE CHEZ MOI...
SLAM
ET J'AI PRIS UN PETIT VERRE POUR ME REMETTRE DE MES ÉMOTIONS...
...ET VOILÀ !
R...COMMENCEZ !
ZZZ
...LE CYCLISTE ÉTAIT PRESQUE ARRIVÉ À LA MAISON...
COLONEL FABIEN
QUAND DEUX INDIVIDUS CAGOULÉS SE SONT JETÉS SUR LUI POUR LUI VOLER SON SAC... IL S'EST MIS À HURLER...
HEELP!
À L'AIIIDE!
COMME JE PASSAIS PAR LÀ, JE LES AI MIS EN FUITE...
PENDANT QUE LE CYCLISTE BUVAIT UN PETIT VERRE, CHEZ MOI, POUR SE REMETTRE DE SES ÉMOTIONS...
...OILÀ !
RORZ
...M...CEZ!
...IL Y AVAIT UN TAS DE MONDE, CHEZ MOI, QUI BUVAIT UN PETIT VERRE... MAIS JE NE ME SOUVIENS PLUS POURQUOI...
TING
SLURP!
55 3/4

ENFIN! NOUS Y SOMMES! OUF! ÇA N'A PAS ÉTÉ SANS MAL!
CE FUT LONG ET LABORIEUX, MAIS AVOUEZ QUE CELA EN VALAIT LA PEINE! CETTE HISTOIRE VOUS EST COMPLÈTEMENT SORTIE DE LA TÊTE! VOUS POUVEZ VOUS CONSIDÉRER COMME GUÉRIE!
Plus tard...
ALORS, C'EST VRAI ?!... TU AS TOUT OUBLIÉ? TU NE TE SOUVIENS VRAIMENT DE RIEN?
DE RIEN!
MÊME PAS QUE TU REGAGNAIS TA MAISON?...
RIEN, JE TE DIS!
NI DES DEUX INDIVIDUS CAGOULÉS QUI SE SONT JETÉS SUR TOI POUR TE VOLER TON SAC?...
NON!
SSSRR
NI DU CYCLISTE QUI S'EST ARRÊTÉ POUR TE PORTER SECOURS?...
N...N... NON!
NI DU PETIT VERRE QUE TU AS PRIS POUR TE REMETTRE DE TES ÉMOTIONS?...
EUH... MAINTENANT QUE TU ME LE DIS...
...ET VOILÀ!
RE-COM-MEN-CEEZ!
BEN VOILÀ... JE REGAGNAIS MA MAISON, QUAND, SOUDAIN, DEUX INDIVIDUS CAGOULÉS...
55 4/4
CAUVIN - BÉDU.

Une horrible boulette!

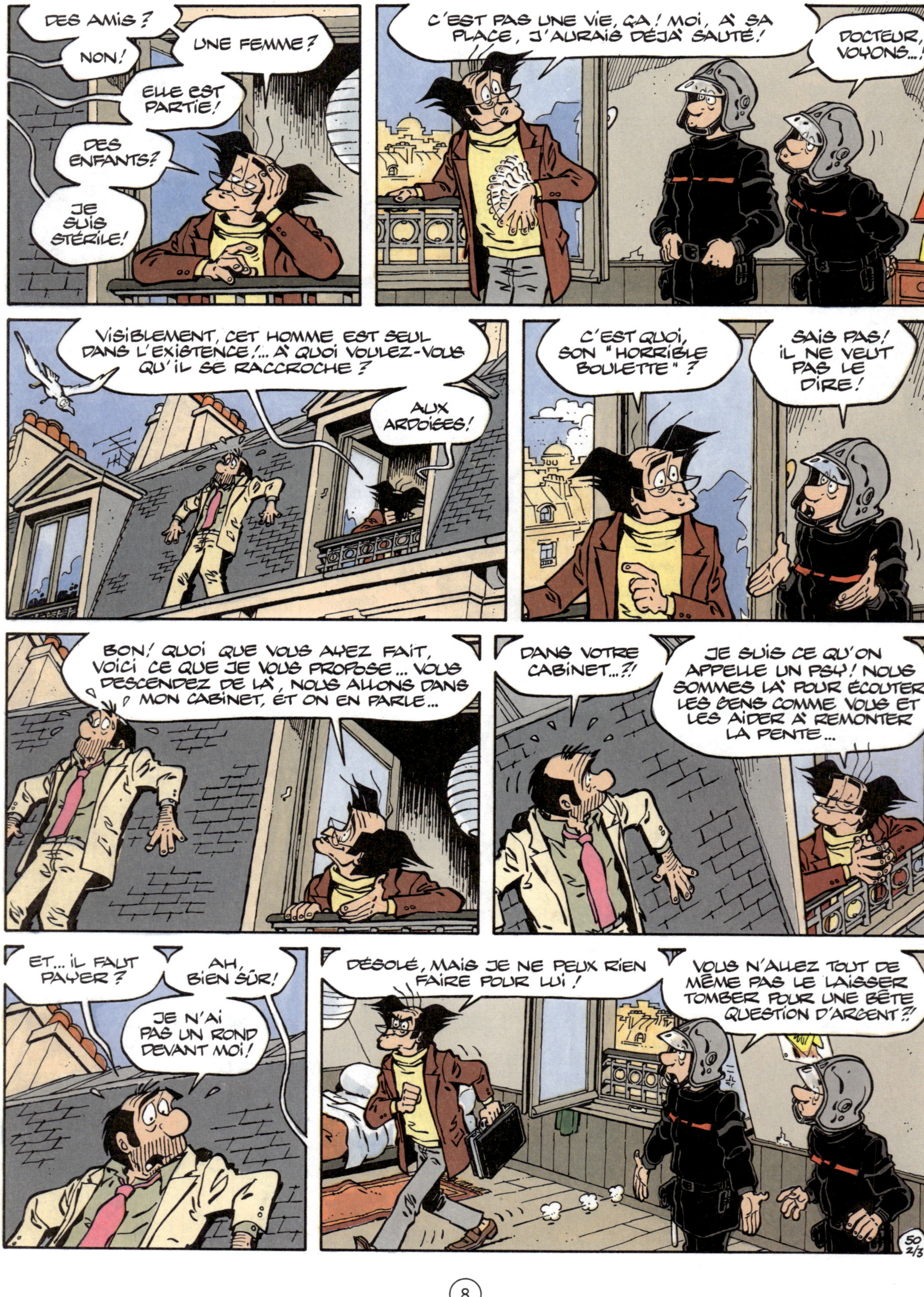
DES AMIS ?
NON !
UNE FEMME ?
ELLE EST PARTIE !
DES ENFANTS ?
JE SUIS STÉRILE !
C'EST PAS UNE VIE, ÇA ! MOI, À SA PLACE, J'AURAIS DÉJÀ SAUTÉ !
DOCTEUR, VOYONS... !
VISIBLEMENT, CET HOMME EST SEUL DANS L'EXISTENCE !... À QUOI VOULEZ-VOUS QU'IL SE RACCROCHE ?
AUX ARDOISES !
C'EST QUOI, SON "HORRIBLE BOULETTE" ?
SAIS PAS ! IL NE VEUT PAS LE DIRE !
BON ! QUOI QUE VOUS AYEZ FAIT, VOICI CE QUE JE VOUS PROPOSE... VOUS DESCENDEZ DE LÀ, NOUS ALLONS DANS MON CABINET, ET ON EN PARLE...
DANS VOTRE CABINET... ?!
JE SUIS CE QU'ON APPELLE UN PSY ! NOUS SOMMES LÀ POUR ÉCOUTER LES GENS COMME VOUS ET LES AIDER À REMONTER LA PENTE...
ET... IL FAUT PAYER ?
AH, BIEN SÛR !
JE N'AI PAS UN ROND DEVANT MOI !
DÉSOLÉ, MAIS JE NE PEUX RIEN FAIRE POUR LUI !
VOUS N'ALLEZ TOUT DE MÊME PAS LE LAISSER TOMBER POUR UNE BÊTE QUESTION D'ARGENT ?!
50 2/3

JE NE VAIS QUAND MÊME PAS TRAVAILLER POUR RIEN!
EST-CE QU'UN PLOMBIER TRAVAILLE POUR RIEN?...
EST-CE QU'UN O.R.L. TRAVAILLE POUR RIEN?...
EST-CE QU...?
C'EST D'ACCORD!
VOUS ALLEZ M'AIDER À REMONTER LA PENTE?
OUI!
GRATUITEMENT?
OUAIS!
VOUS N'OUBLIEREZ PAS, HEIN? JE N'AURAI RIEN À PAYER! VOUS ME L'AVEZ PROMIS!
Plus tard...
JE ME SENS DÉJÀ MIEUX! À LA SEMAINE PROCHAINE, DOCTEUR!
...ET LES SUIVANTES!...
BINET
BOM
BOM
BOM
RESTONS CALME, MON CHER CONFRÈRE, ET EXPLIQUEZ-MOI CE QUI VOUS A MIS DANS UN PAREIL ÉTAT!...
J'AI FAIT UNE HORRIBLE BOULETTE!
C'EST QUOI SON "HORRIBLE BOULETTE"?
SAIS PAS! IL NE VEUT PAS LE DIRE!
50
3/3
CAUVIN - BÉDU.

Dépression fiscale

À CE PROPOS, IL Y A LONGTEMPS QUE VOUS N'AVEZ EU UN CONTRÔLE FISCAL ?
MOI ?... EUH... MAIS...
Peu après...
LÀ !
GNAAGNAGNAA !
VOUS VOYEZ ? JE NE PENSE QU'À MON TRAVAIL ! MA VIE EST DEVENUE UN ENFER !... JE NE SAIS MÊME PAS CE QUE C'EST D'ÊTRE HEUREUX !
VOILÀ POURQUOI JE PENSE SOUVENT AU SUICIDE ! JE VOUS EN SUPPLIE, DOCTEUR, CONSEILLEZ-MOI !
DITES-MOI CE QUE JE DOIS FAIRE !
RIEN !
RIEN ?... COMMENT ÇA, RIEN ?
IL N'EST PAS TOUJOURS SOUHAITABLE DE LUTTER CONTRE CERTAINES PULSIONS...
IL FAUT PARFOIS SE LAISSER ALLER, QUE DIABLE !
Plus tard...
J'AI COMMIS AUJOURD'HUI UN ACTE ABOMINABLE... ET JE NE PARVIENS PAS À ME CULPABILISER !
?
56 2/2.
CAUVIN - BÉDU.

De porte en porte...

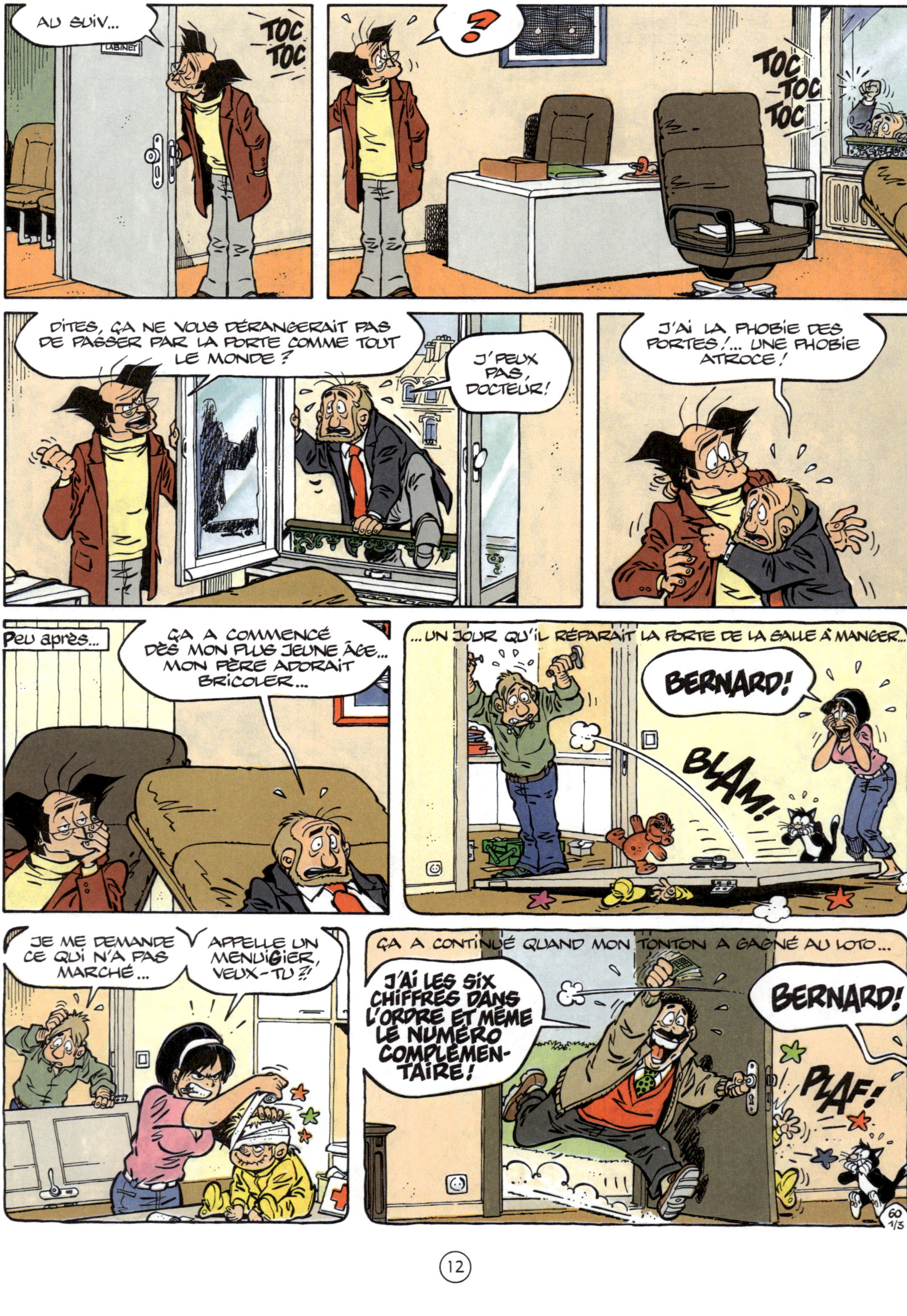

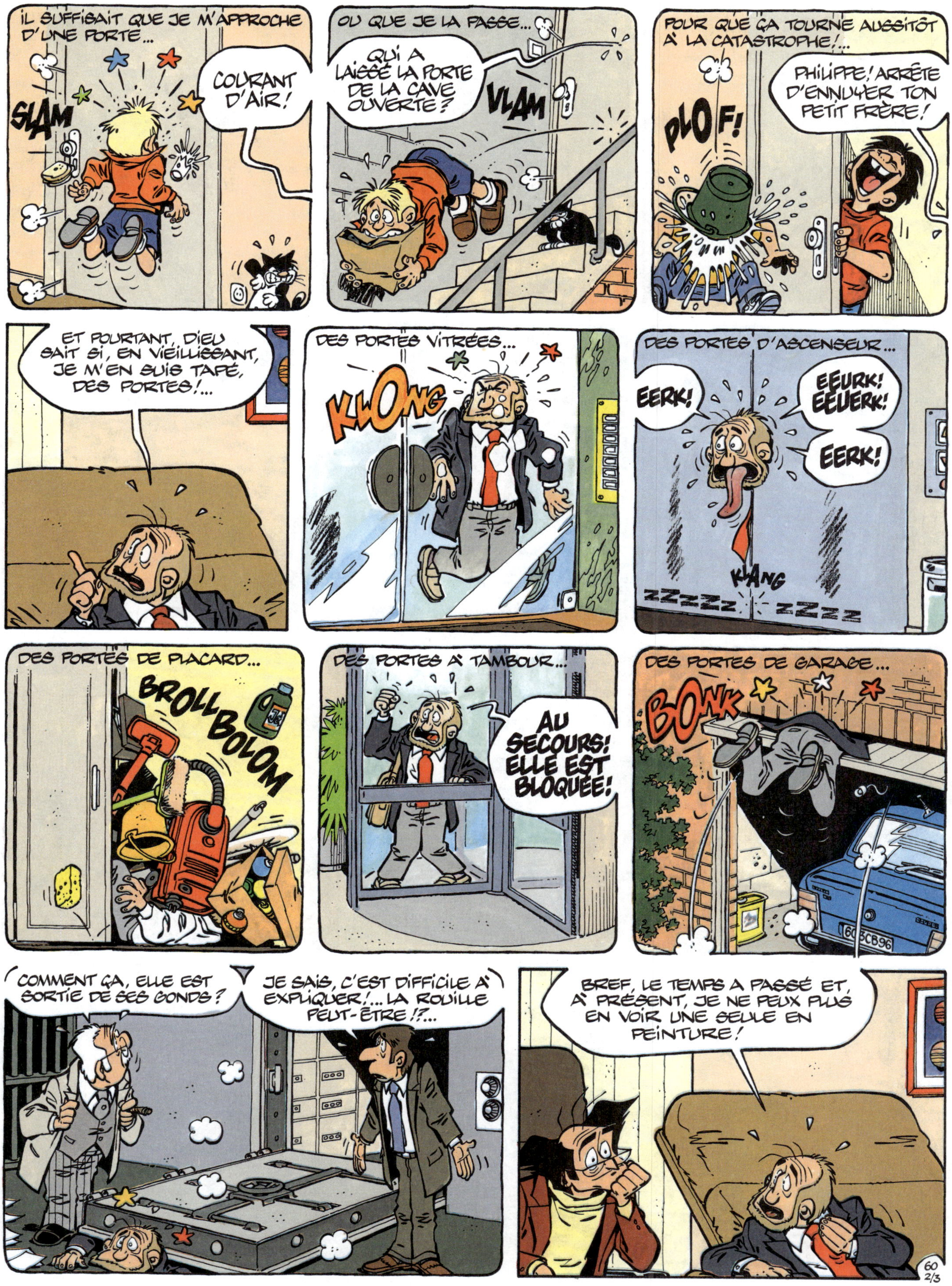
IL SUFFISAIT QUE JE M'APPROCHE D'UNE PORTE...
SLAM
COURANT D'AIR!
OU QUE JE LA PASSE...
QUI A LAISSÉ LA PORTE DE LA CAVE OUVERTE?
VLAM
POUR QUE ÇA TOURNE AUSSITÔT À LA CATASTROPHE!...
PLOF!
PHILIPPE! ARRÊTE D'ENNUYER TON PETIT FRÈRE!
ET POURTANT, DIEU SAIT SI, EN VIEILLISSANT, JE M'EN SUIS TAPÉ, DES PORTES!...
DES PORTES VITRÉES...
KLONG
DES PORTES D'ASCENSEUR...
EERK!
EEURK! EEUERK!
EERK!
KLANG
ZZZZZ ZZZZ
DES PORTES DE PLACARD...
BROLL BOLOM
DES PORTES À TAMBOUR...
AU SECOURS! ELLE EST BLOQUÉE!
DES PORTES DE GARAGE...
BONK
COMMENT ÇA, ELLE EST SORTIE DE SES GONDS?
JE SAIS, C'EST DIFFICILE À EXPLIQUER!... LA ROUILLE PEUT-ÊTRE!?...
BREF, LE TEMPS A PASSÉ ET, À PRÉSENT, JE NE PEUX PLUS EN VOIR UNE SEULE EN PEINTURE!
60 2/3

BON! AUX GRANDS MAUX, LES GRANDS REMÈDES!...
SUIVEZ-MOI!
?
HOP!
OH, NON! JE... JE N'OSERAI JAMAIS!...
CABINET
HOP!
BIEN! REVENEZ!
FORMIDABLE! J'AI RÉUSSI!
VOUS VOYEZ BIEN QUE LES PSY SERVENT PARFOIS À QUELQUE CHOSE!
BON! À PRÉSENT, PASSONS AUX CHOSES SÉRIEUSES...
EUH!... ÉCOUTEZ, À CE PROPOS, IL FAUT QUE JE VOUS DISE QUELQUE CHOSE... UN TYPE QUI ENTRE PAR LES FENÊTRES, ÇA NE FAISAIT PAS TRÈS SÉRIEUX! RÉSULTAT, JE N'AI JAMAIS EU D'EMPLOI! JE N'AI MÊME JAMAIS TOUCHÉ LE CHÔMAGE!...
HÉ! HO!... QU'EST-CE QUE VOUS VOULEZ DIRE PAR LÀ?
BEN...
J'AI PAS DE QUOI VOUS PAYER!
Plus tard...
COMMENT ÇA, VOUS AVEZ LA PHOBIE DES FENÊTRES?
BEN OUI!... DERNIÈREMENT, JE SUIS PASSÉ AU TRAVERS!...
60 3/3
CAUVIN - BÉDU.

Divan, mon beau divan...

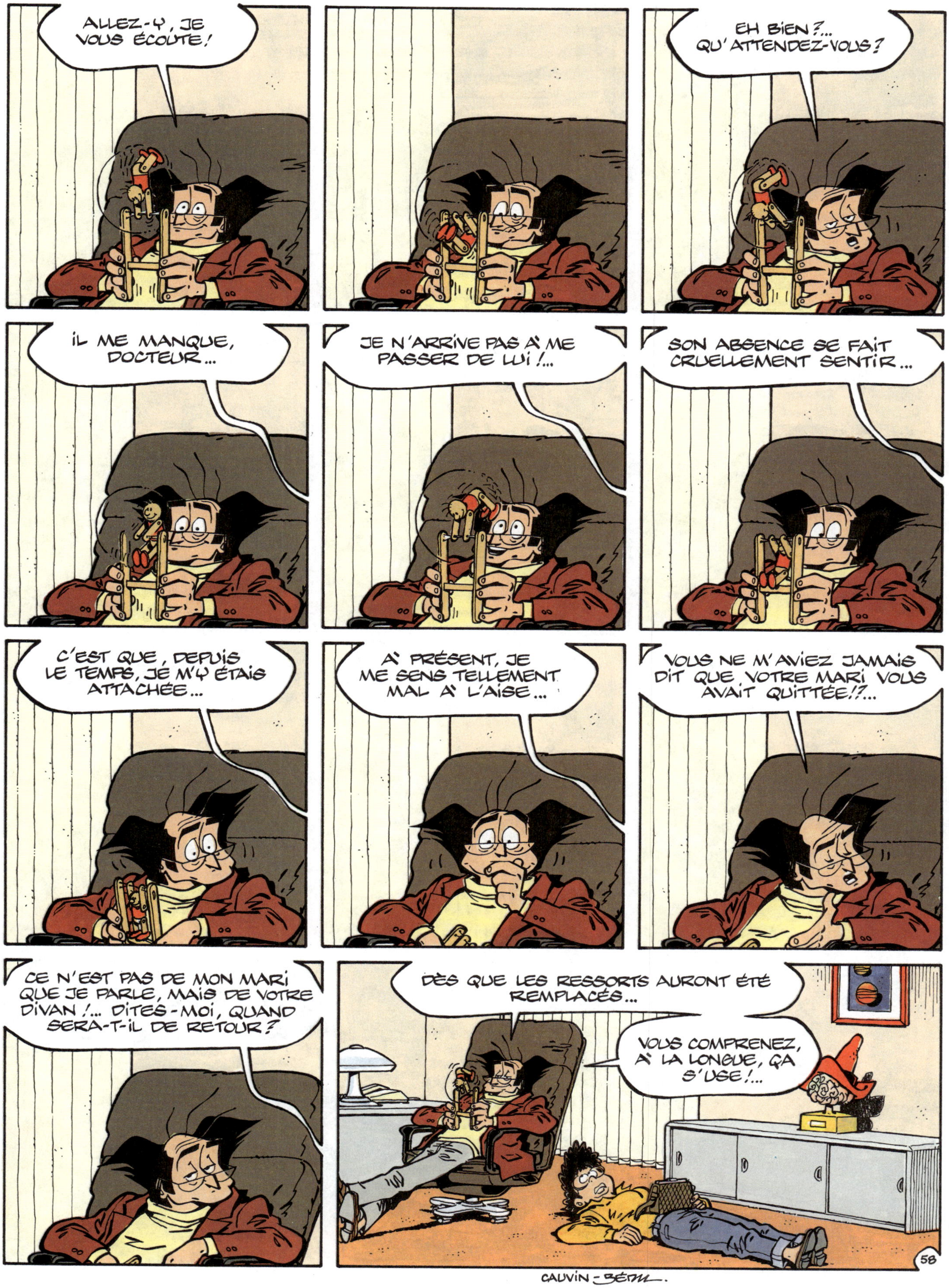

Sourire béat

OU UN VIOLONISTE...
VOIRE UNE HARPISTE...
ET, À PRÉSENT, OBSERVEZ BIEN CELUI DE L'ACCORDÉONISTE...
VOUS NE REMARQUEZ RIEN ?...
POURTANT, ÇA SAUTE AUX YEUX !
J'AVOUE QUE...
SON SOURIRE, DOCTEUR ! SON SOURIRE BÉAT !
CE BÊTE SOURIRE QUI LUI COLLE AU FACIÈS DEPUIS SES PREMIÈRES LEÇONS ET DONT, ALORS QUE LA FÊTE EST FINIE ET QUE L'INSTRUMENT EST RANGÉ DANS SA BOÎTE...
...IL NE PARVIENT PLUS À SE DÉFAIRE !
CE QUI LE MET PARFOIS DANS DES SITUATIONS FÂCHEUSES...
54 2/4

... EMBARRASSANTES...
À L'ENTERREMENT DE MAMAN, PERSONNE N'A VOULU ME CROIRE...
DANS L'ESPRIT DES GENS, UN ACCORDÉONISTE MALHEUREUX, ÇA N'EXISTE PAS!
UN CLOWN PEUT CACHER SON CHAGRIN SOUS SON MAQUILLAGE...
NOUS, MÊME PAS!
ALORS, ON CONTINUE À JOUER...
... ET À JOUER ENCORE!
AU FAIT, QU'EST-CE QUE JE PEUX FAIRE POUR VOUS?
FAIRE DISPARAÎTRE CE BÊTE SOURIRE!
COMMENT?
'SAIS PAS, MOI! EN ME RACONTANT DES HISTOIRES TRISTES!
?
!
MAIS DITES DONC, VOUS! CE N'EST PAS UN PSY' QUE VOUS DEVEZ CONSULTER... MAIS UN CHIRURGIEN!
? ?
54
3/4

J'EN CONNAIS JUSTEMENT UN... LE PROFESSEUR TINLOT! SI VOUS LE PERMETTEZ, JE PEUX LUI DEMANDER DE VOUS FIXER UN RENDEZ-VOUS.
Un mois plus tard...
TULULUB TULULUB
VOUS AVIEZ RAISON, DOCTEUR! COMME BEAUCOUP DE GENS DE MA PROFESSION, JE SOUFFRAIS D'UNE HYPERTROPHIE DU GRAND ZYGOMATIQUE! DIEU SOIT LOUÉ! VOTRE AMI A TOUT REMIS EN PLACE!
J'EN SUIS RAVI!
MAIS À PRÉSENT, SI VOUS VOULEZ BIEN M'EXCUSER, J'AI INVITÉ QUELQUES CONFRÈRES, CE SOIR, ET...
MAIS, C'EST MOI QUI M'EXCUSE, DOCTEUR!... ET JE NE VOUS REMERCIERAI JAMAIS ASSEZ!
ET MOI DONC!...
CLIK
BIEN! OÙ EN ÉTIONS-NOUS ENCORE?
NOUS DISCUTIONS DE VOTRE ÉPOUSE ET DE SA DÉPRESSION NERVEUSE...
ET VOUS NOUS DISIEZ AVOIR ABANDONNÉ TOUTE THÉRAPIE À SON SUJET... MAIS LUI AVOIR ACHETÉ UN ACCORDÉON...
QUELLE IDÉE! ELLE SAIT EN JOUER, AU MOINS?
PAS DU TOUT!... MAIS ÇA MARCHE! VOUS AVEZ VU SON SOURIRE BÉAT?...
54 4/4
CAUVIN - BÉRCK.

Miroir, ô miroir…

L'heure, c'est l'heure!

Grand-père Noël

LE PÈRE NOËL... C'ÉTAIT NOUS !
GASP!
LE CHOC FUT TERRIBLE !
JE ME SENTAIS TROMPÉ, HORRIBLEMENT DÉÇU ET BÊTE À LA FOIS...
J'EN FIS MÊME UNE DÉPRESSION...
SNRF!
MAIS LE TEMPS A PASSÉ... JE M'EN SUIS REMIS...
75
74
73
72
DEPUIS, J'AI PERDU MES PARENTS...
JE ME SUIS MARIÉ...
J'AI EU, MOI AUSSI, UN ENFANT...
GGHEU...
ET À CHAQUE VEILLÉE DE NOËL, IL A, LUI AUSSI, DÉPOSÉ SES PETITS SOULIERS DEVANT LA CHEMINÉE...
IL FALLAIT VOIR, LE LENDEMAIN, DÈS LE LEVER, LA JOIE QU'IL AVAIT EN LES REDÉCOUVRANT ENFOUIS SOUS UNE MULTITUDE DE BONBONS, DE LIVRES ET DE JOUETS...
52 2/3

CELA A DURÉ DES ANNÉES...
À CHAQUE FOIS, SON PLAISIR ÉTAIT LE MÊME ET IL ÉTAIT HEUREUX... HEUREUX...
JUSQU'AU JOUR...
?
?
ÉCOUTE, NICOLAS, JUSQU'À PRÉSENT, ON NE TE L'A JAMAIS DIT, MAIS MAINTENANT QUE TU ES UN HOMME, IL FAUT QUE TU SACHES...
?
LE PÈRE NOËL... C'ÉTAIT TES GRANDS-PARENTS!
!
IL... IL A COMPRIS?
NON! À MON AVIS, J'AI DÛ FAIRE UNE ERREUR QUELQUE PART...
SÛREMENT! MAIS OÙ?
JE VOUS LE DEMANDE...
IL Y A QUELQUE CHOSE QUI ME DÉRANGE DANS CETTE HISTOIRE...
... ET SI ON REPRENAIT TOUT CELA DEPUIS LE DÉBUT?...
ENCORE?
J'INSISTE!
COMME VOUS VOUDREZ...
EH BIEN VOILÀ!... QUAND J'ÉTAIS ENFANT, À CHAQUE VEILLÉE DE NOËL...
52 3/3
CAUVIN - BÉDU.

Errare humanum est...

Esprit, n'es-tu pas las ?

526KAL208! Ce sera tout?
CE SERA TOUT!
QUAND JE SUIS REVENU À MOI, MA CLIENTE AVAIT DISPARU...
Laladirla dadaa...
?
MAIS LUI ÉTAIT TOUJOURS LÀ!
MAIS!?... VOUS N'AVEZ PLUS RIEN À FAIRE ICI! QU'EST-CE QUE VOUS ATTENDEZ POUR REJOINDRE LE ROYAUME DES MORTS?
Les caveaux sont assez humides ces derniers temps!... Vous ne voudriez pas qu'en plus, j'attrape la crève?
J'ai déjà donné, merci!
VOUS N'AVEZ PAS LE DROIT DE VOUS IMPOSER! VOUS ÊTES ICI CHEZ MOI!
...tatatata...
...Fallait pas m'appeler!... Je ne vous avais rien demandé, moi!... Non, mais!...
DEPUIS, IL NE M'A PLUS QUITTÉ, ET IL A FAIT DE MA VIE UNE SUITE DE CATASTROPHES...
Ah, ça c'est bête!... À votre place, j'aurais joué l'as de coeur!
VOUS, JE NE VOUS AI RIEN DEMANDÉ!
?
?
?
Permettez-moi de vous dire que vous jouez comme un pied!
VOUS SAVEZ CE QU'IL VOUS DIT, LE PIED? HEIN? VOUS SAVEZ CE QU'IL VOUS DIT?
Oooooh! Le grossier personnage!
53 2/5

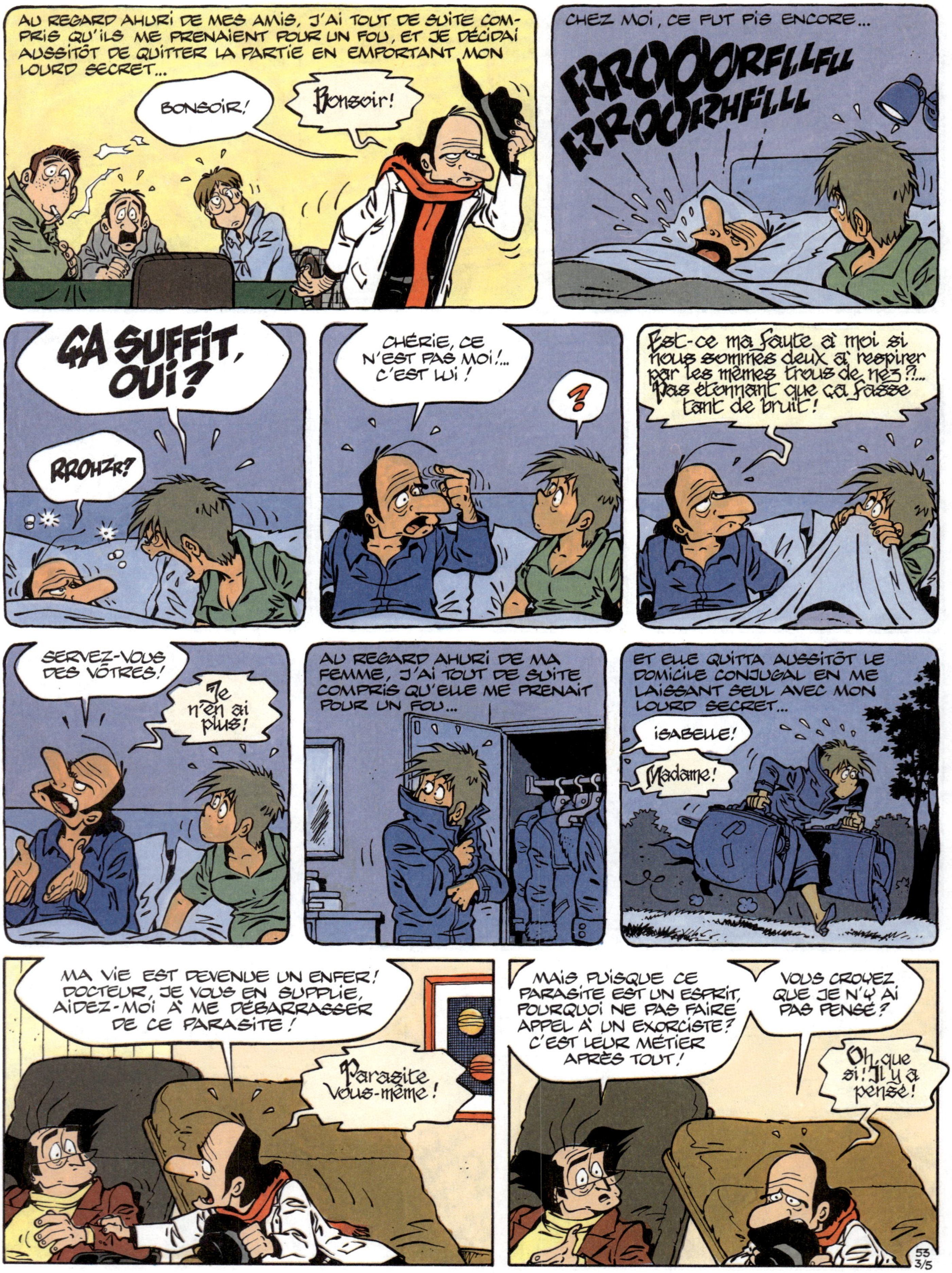
AU REGARD AHURI DE MES AMIS, J'AI TOUT DE SUITE COMPRIS QU'ILS ME PRENAIENT POUR UN FOU, ET JE DÉCIDAI AUSSITÔT DE QUITTER LA PARTIE EN EMPORTANT MON LOURD SECRET...
BONSOIR!
Bonsoir!
CHEZ MOI, CE FUT PIS ENCORE...
RROOOORFLLFLL
RROOORHFLLL
ÇA SUFFIT, OUI?
RROHZR?
CHÉRIE, CE N'EST PAS MOI!... C'EST LUI!
?
Est-ce ma faute à moi si nous sommes deux à respirer par les mêmes trous de nez?!... Pas étonnant que ça fasse tant de bruit!
SERVEZ-VOUS DES VÔTRES!
Je n'en ai plus!
AU REGARD AHURI DE MA FEMME, J'AI TOUT DE SUITE COMPRIS QU'ELLE ME PRENAIT POUR UN FOU...
ET ELLE QUITTA AUSSITÔT LE DOMICILE CONJUGAL EN ME LAISSANT SEUL AVEC MON LOURD SECRET...
ISABELLE!
Madame!
MA VIE EST DEVENUE UN ENFER! DOCTEUR, JE VOUS EN SUPPLIE, AIDEZ-MOI À ME DÉBARRASSER DE CE PARASITE!
Parasite vous-même!
MAIS PUISQUE CE PARASITE EST UN ESPRIT, POURQUOI NE PAS FAIRE APPEL À UN EXORCISTE? C'EST LEUR MÉTIER APRÈS TOUT!
VOUS CROYEZ QUE JE N'Y AI PAS PENSÉ?
Oh, que si! Il y a pensé!
53
3/5

IL EST ARRIVÉ UN MATIN...
SATAN, QUITTE LE CORPS DE CET HOMME!
Excusez-moi, mais vous devez faire erreur... Il n'y a personne de ce nom ici!
?
LUCIFER, SORS DE LÀ ET RETOURNE EN ENFER!
Qui ça?
LUCIFER!
'connais pas!
BELZÉBUTH ALORS?
Non plus! Désolé!
MAIS, QUEL ESPRIT ÊTES-VOUS DONC?
Albert Bouffi! Né en 1927... mort le 18 avril 1995!
QUE ?!... QU'EST-CE QUE ÇA VEUT DIRE?
JE... JE VAIS VOUS EXPLIQUER!
C'est ça, expliquez-lui!
PLUS TARD...
VOUS N'ALLEZ PAS ME LAISSER TOMBER?
SI! CE QUI VOUS ARRIVE EST ENTIÈREMENT DE VOTRE FAUTE! ON NE JOUE PAS IMPUNÉMENT AVEC L'ESPRIT DES MORTS! IL FALLAIT LE LAISSER LÀ OÙ IL ÉTAIT!
...et toc!
ET VOILÀ! À PRÉSENT, VOUS ÊTES MON DERNIER RECOURS!
MAIS QUE VOULEZ-VOUS QUE JE FASSE? JE TRAITE LES VIVANTS, MOI,... PAS LES MORTS!
Je me tue à lui dire! Enfin, si vous voyez ce que je veux dire!
DANS CE CAS, IL NE ME RESTE PLUS QU'À ME FLINGUER!
Ça y est! Tout de suite les grands mots! Tiens, si j'avais encore mes mains, je lui collerais une baffe!
53 4/5

ATTENDEZ! ATTENDEZ!... LAISSEZ-MOI RÉFLÉCHIR!... PEUT-ÊTRE Y A-T-IL UN MOYEN...
VOUS... VOUS CROYEZ?
Eeeeeh! De quoi je me mêle, là, la grande saucisse chauve!?
Vous verrez, il n'y arrivera pas! Allez, payez et on s'en va!
CHHHHT!
VOUS VIVEZ SEUL À PRÉSENT?
JE VOUS L'AI DIT, MA FEMME S'EN EST ALLÉE!... CE A BRISÉ MON MÉNAGE!
Bah! Une de perdue, dix de retrouvées!
QU'ATTENDEZ-VOUS POUR REFAIRE VOTRE VIE?
HEIN?... AVEC QUI?
MADAME AMANDINE BOUFFI! ELLE EST VEUVE, NON?... ET ELLE EST RICHE!
Que?!... Qu'est-ce que vous en savez, vous, la grande crevasse?
C'EST VRAI, ÇA... QU'EST-CE QUE VOUS EN SAVEZ?
IL LUI A DONNÉ LA COMBINAISON DU COFFRE!...
AÏE!
?
?
?
IL EST PARTI! IL EST PARTI! IL EST ENFIN REDESCENDU AU ROYAUME DES MORTS!
JE NE VOUS REMERCIERAI JAMAIS ASSEZ, DOCTEUR!
...au royaume des morts... mon oeil!
?
PLUS TARD...
ALLONS-Y, JE VOUS ÉCOUTE!
Qui commence?
VOUS, LA FERME! C'EST MOI QUI PAIE, C'EST MOI QUI CAUSE!
Comme vous voudrez!
53
5/5
CAUVIN - BÉDU.

Secours mutuel

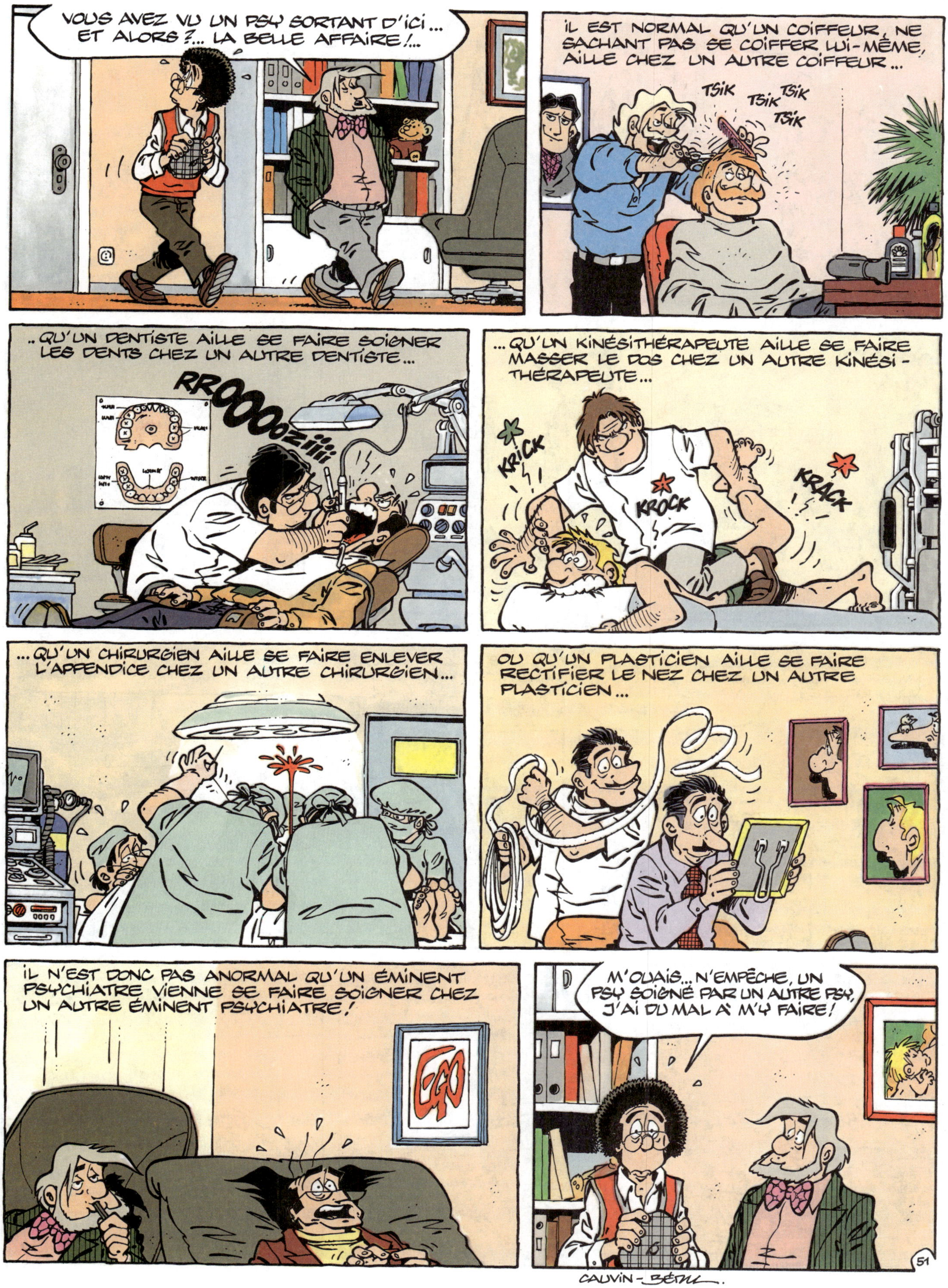

Un vache effet

!
ÇA A CONTINUÉ QUAND J'AI PRIS LE MÉTRO...
... ET, NATURELLEMENT, AU BUREAU...
C'EST AFFREUX, DOCTEUR, DEPUIS CE MATIN, ÇA N'ARRÊTE PAS !
64 2/3

DÉSHABILLEZ-VOUS!
?
C'EST BON! C'EST BON! ÇA SUFFIRA!
? ?
C'EST BIEN CE QUE JE PENSAIS...
KNIP
?
C'EST TOUJOURS CE QUI ARRIVE QUAND ON N'ENLÈVE PAS L'ÉTIQUETTE D'UNE CHEMISE NEUVE, ÇA VOUS GRATTOUILLE LE DOS ET ÇA VOUS DONNE UNE SENSATION HORRIBLE!
TOUTES?
NOOON! SEULEMENT CELLES QUE TU AS ACHETÉES AVANT-HIER!
KNIP
N'EMPÊCHE! QUI L'EÛT CRU?...
64 3/3
CAUVIN-BÉRM.

Enjeu de jambes

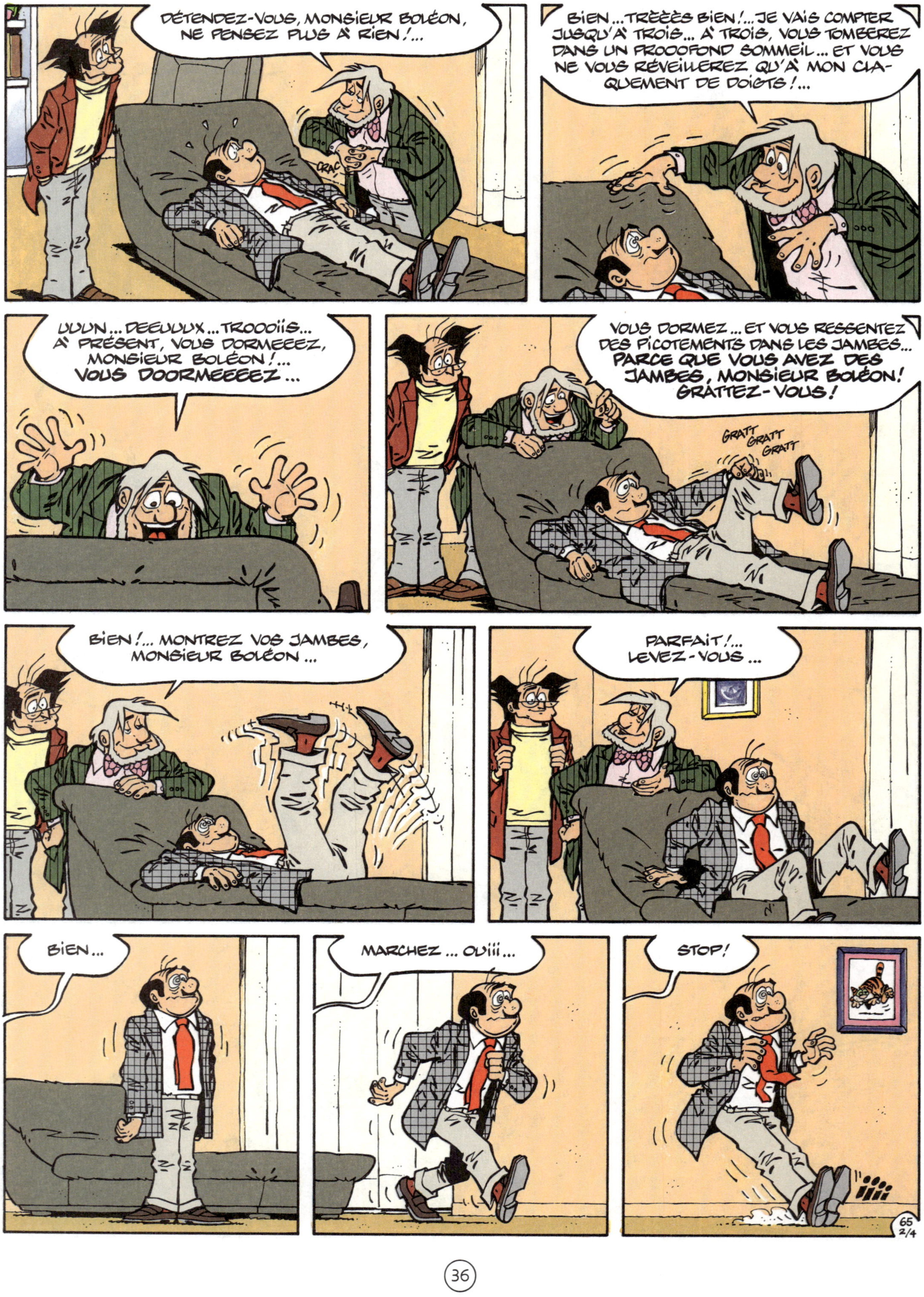
DÉTENDEZ-VOUS, MONSIEUR BOLÉON, NE PENSEZ PLUS À RIEN !...
CRAC
BIEN... TRÈÈÈS BIEN !... JE VAIS COMPTER JUSQU'À TROIS... À TROIS, VOUS TOMBEREZ DANS UN FROOOFOND SOMMEIL... ET VOUS NE VOUS RÉVEILLEREZ QU'À MON CLAQUEMENT DE DOIGTS !...
UUUN... DEEUUUX... TROOOIIS... À PRÉSENT, VOUS DORMEEEZ, MONSIEUR BOLÉON !... VOUS DOORMEEEEEZ...
VOUS DORMEZ... ET VOUS RESSENTEZ DES PICOTEMENTS DANS LES JAMBES... PARCE QUE VOUS AVEZ DES JAMBES, MONSIEUR BOLÉON ! GRATTEZ-VOUS !
GRATT GRATT GRATT
BIEN !... MONTREZ VOS JAMBES, MONSIEUR BOLÉON...
PARFAIT !... LEVEZ-VOUS...
BIEN...
MARCHEZ... OUIII...
STOP !
65 2/4

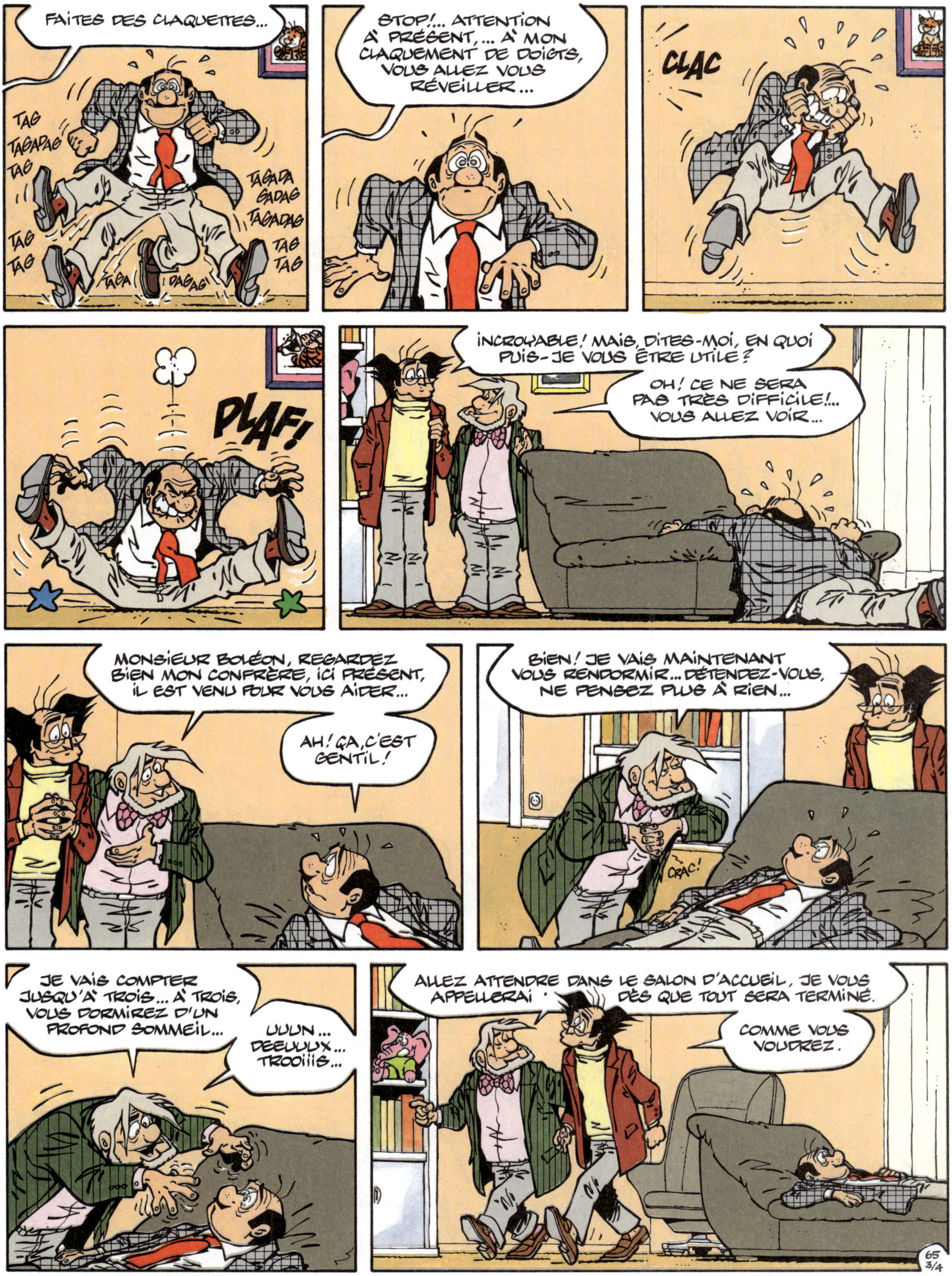
FAITES DES CLAQUETTES...
TAG TAGADAG TAG
TAGADA GADAG TAGADAG
TAG TAG
TAGA DAGAG
TAG TAG
STOP!... ATTENTION À PRÉSENT, ... À MON CLAQUEMENT DE DOIGTS, VOUS ALLEZ VOUS RÉVEILLER...
CLAC
PLAF!
INCROYABLE! MAIS, DITES-MOI, EN QUOI PUIS-JE VOUS ÊTRE UTILE?
OH! CE NE SERA PAS TRÈS DIFFICILE!... VOUS ALLEZ VOIR...
MONSIEUR BOLÉON, REGARDEZ BIEN MON CONFRÈRE, ICI PRÉSENT, IL EST VENU POUR VOUS AIDER...
AH! ÇA, C'EST GENTIL!
BIEN! JE VAIS MAINTENANT VOUS RENDORMIR... DÉTENDEZ-VOUS, NE PENSEZ PLUS À RIEN...
CRAC!
JE VAIS COMPTER JUSQU'À TROIS... À TROIS, VOUS DORMIREZ D'UN PROFOND SOMMEIL...
UUUN... DEEUUUX... TROOiiiS...
ALLEZ ATTENDRE DANS LE SALON D'ACCUEIL, JE VOUS APPELLERAI DÈS QUE TOUT SERA TERMINÉ.
COMME VOUS VOUDREZ.
65 3/4

ET VOILÀ LE TRAVAIL!
MERCI! MERCI!...
?
RESTEZ ASSIS! SURTOUT NE VOUS LEVEZ PAS!
MERCI! MMH... MERCI... MERCI! OH, MERCI! MERCI!...
MTUH MTUH MTUH
MERCI ENCORE!
ÇA VA, À PRÉSENT, VOUS POUVEZ VOUS LEVER.
SLAM!
ÉTONNANT! IL A ENTIÈREMENT RETROUVÉ L'USAGE DE SES JAMBES!... COMMENT AVEZ-VOUS FAIT?
J'AI "RESUGGESTIONNÉ" SON CERVEAU EN LUI FAISANT CROIRE QUE VOUS AVIEZ ACCEPTÉ DE LUI DONNER LES VÔTRES!
PLAF!
MAIS ENFIN, VOUS ÊTES BIEN PLACÉ POUR SAVOIR QUE PAREILLE SITUATION NE PEUT EXISTER QUE DANS VOTRE IMAGINATION! IL SUFFIT D'EN CONVAINCRE VOTRE CERVEAU!
JE N'Y ARRIVE PAS! ESSAYEZ, VOUS!...
65 4/4
CAUVIN - BÉDU.

Association de malfaiteurs ?

Il me manque encore...

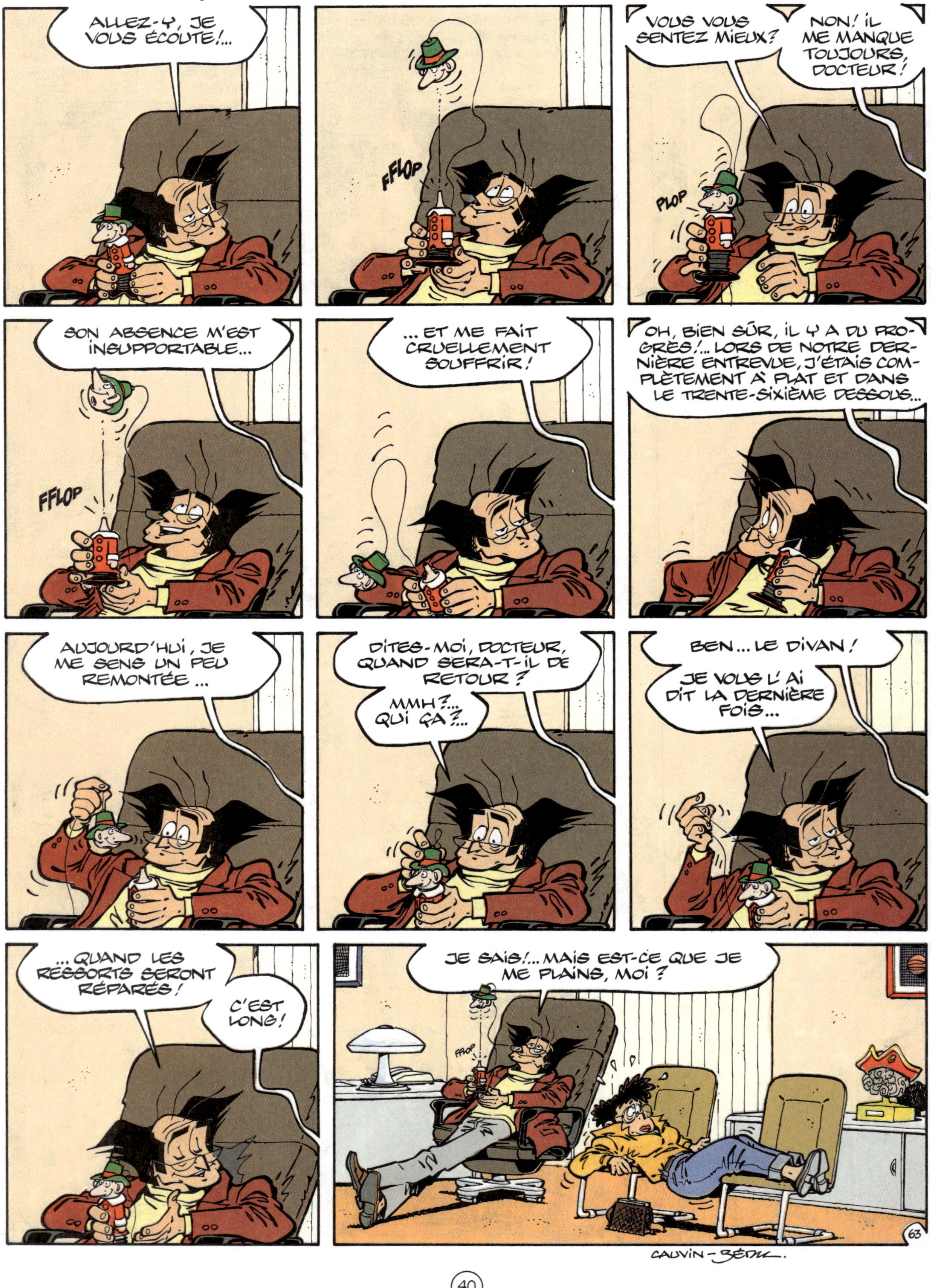

Courage, fuyons!

JE SUIS LA FEMME DE MÉNAGE!
?
...OU L'HOMME DE PEINE, SI VOUS PRÉFÉREZ...
KLICK
L'AMOUR EST EN-FANT DE BO-HÈME...
ZZZZ
ZZZ
FROTFROTFROT
ÇA LUI ARRIVE SOUVENT D'ÊTRE EN RETARD?
SOUVENT, OUI!... CE SONT LES ALÉAS DU MÉTIER, VOUS SAVEZ!
ZWIIP
ZWIIP ZWIIP
...DEUX HEURES QUE J'ATTENDS!
À PRÉSENT, Y EN A MARRE!
VOUS DIREZ À VOTRE PATRON QUE CE N'EST PAS SÉRIEUX!
QU'IL PEUT ALLER SE FAIRE VOIR!
QU'IL A PERDU UN CLIENT!
OUI, MONSIEUR!
OUI, MONSIEUR!
OUI, MONSIEUR!
...TOUS LES MÊMES!...
SLAM
PFIIOUUUU!...
61 2/3

Plus tard...
...JE SUIS DÉSOLÉ DE VOUS LE DIRE, MAIS VOUS AVEZ MANQUÉ DE SANG-FROID, MON CHER CONFRÈRE !...
J'AURAIS VOULU VOUS Y VOIR !
QUELLE QUE SOIT LA PERSONNE QUI FRAPPE À VOTRE PORTE, ELLE A BESOIN D'AIDE...
VOUS AVEZ RAISON !... OH ! J'AI HONTE !
MOI AUSSI !
POUR VOUS !...
?
SUIVANT !
EEEEH !... PSIIIIIT ! MAIS C'EST...
ENTREZ, JE VOUS PRIE !
SLAM
CABINET
Plus tard...
...DEUX HEURES QUE J'ATTENDS !
À PRÉSENT, Y EN A MARRE !
!... TOUS LES MÊMES !
JE SAIS CE QUE VOUS ALLEZ DIRE...
MAIS J'AURAIS VOULU VOUS Y VOIR !
61 3/3
CAUVIN - BÉDU.

Traitement de choc

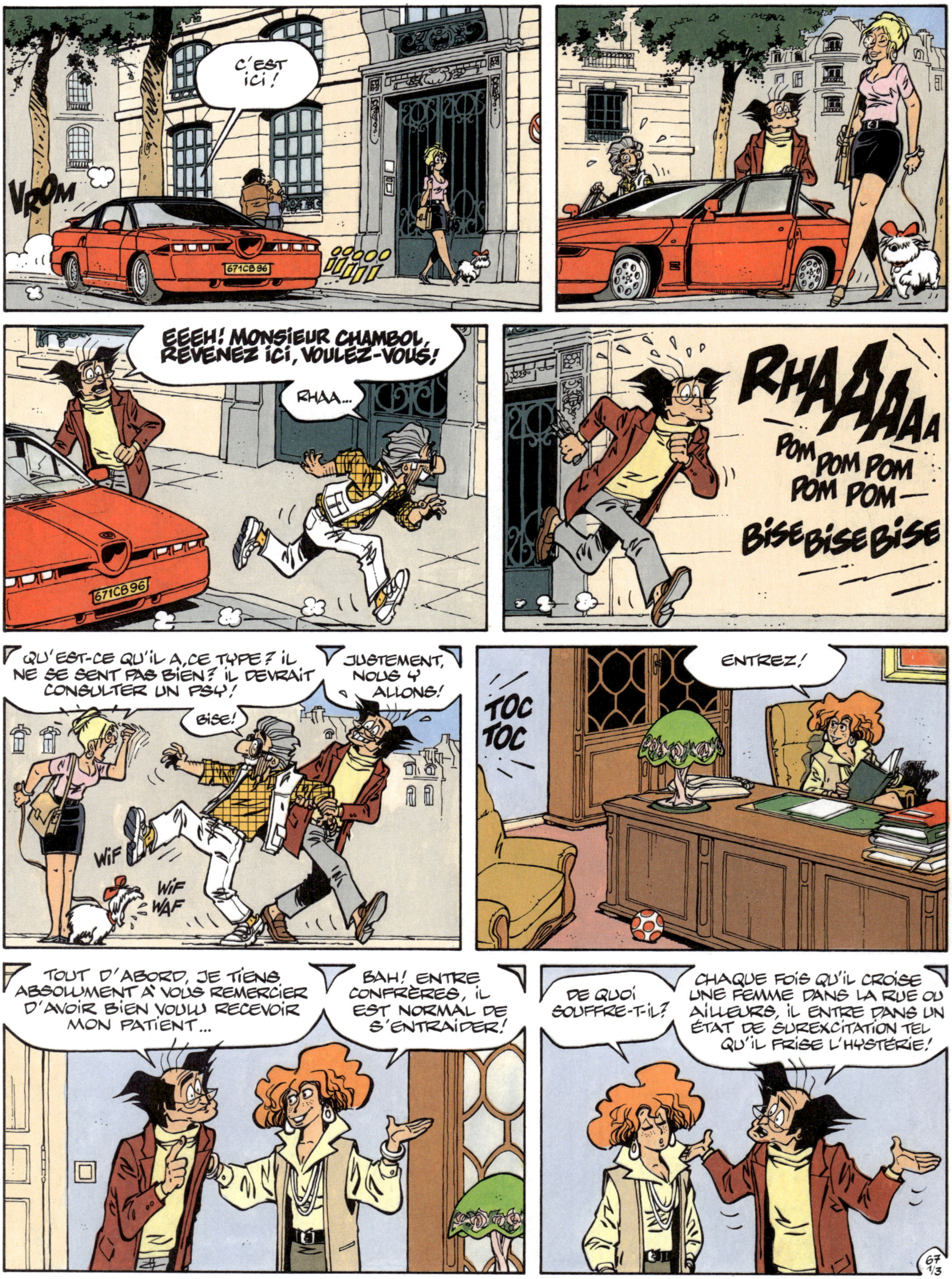

JUSQU'À CE JOUR, J'AI ESSAYÉ SUR LUI DIVERSES THÉRAPIES, MAIS J'AVOUE AVOIR LAMENTABLEMENT ÉCHOUÉ!... ALORS, JE ME SUIS DIT...
...QU'UNE CONSOEUR POURRAIT ÉVENTUELLEMENT MIEUX CONTRÔLER LA SITUATION...
C'EST CELA.
OÙ EST-IL?
À CÔTÉ, DANS LA SALLE D'ATTENTE.
VENEZ!
RHAAAAA!
AGNAGNAGNA!
GGH...
POM
POM
POM
POM
BISE BISE BISE BISE BISE...
PAF!
BISE BISE BISE?...
67 2/3

PAF!
...BISE?...
PAF!
À MON AVIS, ÇA DEVRAIT SUFFIRE!
JE CROIS AUSSI!
VOULEZ-VOUS ALLER M'ATTENDRE À CÔTÉ, S'IL VOUS PLAÎT?
JE VOUS AI ADMIRÉE PENDANT TOUTE LA SÉANCE! JE...JE VOULAIS VOUS DIRE À QUEL POINT VOUS AVEZ ÉTÉ FORMIDABLE!
MERCI!
JE...JE VOULAIS AUSSI VOUS DIRE À QUEL POINT JE... ENFIN... VOUS...VOUS ME PLAISIEZ! QU'EST-CE QUE VOUS FAITES CE SOIR?
MMH?
?
PAF!
VOUS NE M'AVIEZ PAS DIT QUE VOUS ÉTIEZ MALADE, VOUS AUSSI!
MOI, C'ÉTAIT PAS PAREIL!
N'EMPÊCHE! VOTRE BAFFE, VOUS L'AVEZ QUAND MÊME EUE!
ENCORE UN MOT ET VOUS RENTREZ CHEZ VOUS À PIED! VU?
67 3/3
CAUVIN-BERCK

PRINTED IN BELGIUM BY proost INTERNATIONAL BOOK PRODUCTION